FRANCESCO PRIMERANO

The Art of Life on Facebook & Youtube

Music of Pink Floyd, Queen, Beatles, Dolphins, Mina, Vasco Rossi, Renato Zero

Youcanprint Self – Publishing

Titolo | The Art of life in Facebook & Youtube
Autore | Francesco Primerano
Immagine di copertina | © venimo - Fotolia.com
ISBN | 978-88-91118-30-1

© Tutti i diritti riservati all'Autore
Nessuna parte di questo libro può essere riprodotta senza il preventivo assenso dell'Autore.

Youcanprint *Self-Publishing*
Via Roma, 73 - 73039 Tricase (LE) - Italy
www.youcanprint.it
info@youcanprint.it
Facebook: facebook.com/youcanprint.it
Twitter: twitter.com/youcanprintit

Alla signora **Arte** nelle sue migliori forme ed espressioni...

Alla Vita, alla Poesia e alla Musica nel loro splendore...

Ai grandi valori e simboli che hanno lasciato un importante segno nella nostra Esistenza....

Ai nostri Social network preferiti *(**Facebook & Youtube**)*

Ai nostri amici delfini e al loro magico canto...

A Mina (la Regina della Musica italiana)

A Vasco Rossi (il nostro Rocker italiano preferito)

Ai Pink Floyd (a 40 anni dall'uscita del loro disco piu' significativo e riuscito"The dark side of the moon")

Ai Queen(Autentica Istituzione del Rock)

A Freddie Mercury (la vera Regina del Rock)

A Renato Zero (l'Artista italiano piu' eccentrico e geniale)

Ai Beatles (a 50 anni dal loro grande esordio)

A Marilyn Monroe(a 50 anni dalla sua tragica e misteriosa scomparsa)

The Art of Life

Presentazione

Le emozioni che viviamo, i pensieri e le parole che pronunciamo e scriviamo quotidianamente nel grande giardino della nostra vita non sono altro che preziose perle che custodiamo gelosamente e che nello stesso tempo sfoggiamo con grazia e delizia. non sono altro che note poetiche, musicali, artistiche che noi amiamo accarezzare e vivere fino in fondo,

ma quelle stesse emozioni che noi cerchiamo di vivere in pieno potrebbero essere semplicemente delle deliziose ciliegine che gustiamo con piacere, una dopo l'altra, anche nei due Social network più in voga in questo periodo..

"2 Nomi, 2 leggende" li potremmo definire esattamente cosi'..

Eppure li abbiamo assaggiati in molti e continuiamo ad esplorarli volentieri..

Vi domanderete di cosa mai stia parlando!?

Ovviamente si tratta dei Fenomeni Facebook & Youtube che stanno interessando milioni e milioni di persone di tutto il Mondo.

Due Eventi veramente speciali e geniali dove si incontrano diverse personalità, tutti i colori dell'umanità, i valori e le viltà della nostra esistenza, le peggiori delizie ed anche le migliori indecenze..

Il manuale in questione si vuole presentare semplicemente come un'interessante raccolta di nèttari di vita, di poetici ed innocenti pensieri e di invitanti aforismi che ci fanno comprendere al meglio non soltanto la realtà di **Facebook & Youtube** *nei loro molteplici aspetti ma anche la vita di tutti i giorni.*

In sostanza sono descritte con grande fervore ed interesse le note poetiche, musicali, emozionali, artistiche che rappresentano in pieno l'Era di **Facebook & Youtube***.*

Note rigorosamente scritte e descritte nei minimi dettagli dall'autore ed accompagnate da intriganti aspetti ed immagini che hanno siglato il mondo dell'Arte nelle sue migliori espressioni, dalla magica Poesia alla Dea Musica, dal Signor Cinema al Teatro, dai Pink Floyd ai Queen, da Mina ai Beatles, da Vasco Rossi a Renato Zero, da Marilyn Monroe a Freddie Mercury, dalle bellezze naturali alle meraviglie di Roma, dal magico Canto dei Delfini ai brani di Musica Rock, da Artisti di grande spessore a quelli di minor rilievo.

F.Primerano

♪♫

Le note e le pagine di **Facebook & Youtube** *dai colori piu'svariati, dalle forme e dai contenuti più invitanti, si aprono, si sfogliano, si leggono, si scrutano, si amano e poi si chiudono con la speranza e il desiderio di rileggerle nuovamente con la stessa passione che si era presentata inizialmente...*

(F.Primerano)♪

♫

♪♫ **L'essenza del libro**

Il manuale in questione si vuole suddividere in due piacevoli Capitoli:

Primo Capitolo

I Social network vivono dentro di noi

Secondo Capitolo

Sulle magiche note di Facebook e di Youtube

♫ *Tra le note umane ed emozionali*

♪ *Tra le note artistiche*

♫ *Tra le note di Liberta'*

♪ *Tra le note poetiche e musicali*

♫ *Tra le note di Felicità*

♪ *Tra le note del tempo e dei sogni.*

♫ *Tra le note della natura...*

♪ *Tra le note del cuore...*

PRIMO CAPITOLO

I Social network vivono dentro di noi

Ormai è decisamente tardi per ritornare nei passi e nei vari tragitti salutari, pratici e tangibili che avevamo scelto di percorrere..

Noi tutti ci saziamo di **Facebook & Youtube,** *come le mosche si cibano delle migliori schifezze, ma a noi piacciono queste cose, ci hanno sempre attratto e affascinato...*

Queste macchine infernali ci appaiono molto accattivanti e piacevoli..♪♫ ♪♫ *tutta l'umanita' non può farne a meno perchè non saprebbe fare altro se non distruggere tutto ciò che risulta sano e concreto....almeno quel poco che ci era rimasto..*

Si potrebbero definire delle macchine diaboliche atte a corrompere la nostra ragione e a privarci del nostro buon senso!?

La curiosità si e' impadronita di noi e il caos mentale ha fatto sì che noi ci rivolgessimo a loro!?...

Ci hanno promesso ordine e pace in cambio del nostro obbediente e silenzioso consenso!?

No!!, niente di tutto ciò.

I Social network si presentano semplicemente come degli eventi speciali e geniali, dove si incontrano diverse personalità, tutti i colori dell'umanità, i valori e le viltà della nostra esistenza, le peggiori delizie ed anche le migliori indecenze..

"2 nomi,2 leggende"..

li potremmo definire esattamente così..

♪ ♫ *E' sempre interessante navigare su Internet, ma risulta più intrigante navigare su meravigliosi oceani di avventura e divertimento.*♪

Eppure **Facebook & Youtube** sono entrati nella nostra vita quotidiana, nelle nostre viscere, nelle nostre case, nella nostra mente, nei nostri uffici, nei nostri sogni, nelle nostre auto, nei nostri gesti, nelle nostre tasche, nei nostri discorsi, nei nostri pensieri, e noi li abbiamo accolti con buon umore e stupore, con grande passione e nello stesso tempo con un po' di magone.♪ ♫ ♪ ♫ ♪ .

Ormai fanno parte di noi, tacciono dentro di noi, ma vivono e se vivono sono di noi, se muoiono sono di noi, e parlano di noi...e cresce questa curiosa abitudine a **Facebook & Youtube** che in fondo vogliamo che viva...

..e vivono con noi, vivono, e si aprono dentro di noi, poi continuano a vivere, e aspettano il momento migliore per crescere ancora, finiscono con il nostro giorno, e ricominciano quando non possiamo più mandarli via, non possono più morire, li fai morire e vivono...

♫ **Facebook & Youtube** *rimangono sempre vivi dentro di noi con le loro note e pagine migliori perché è impossibile farne a meno.*
♫

E' stato un grande errore aver snobbato per tanti anni il mondo web...

Attualmente si è consapevoli più che mai di aver scoperto una Casa decisamente fantastica ed accogliente, dove poter creare, costruire, conoscere gente veramente interessante che ti permette di nutrirti delle loro opinioni e dove poter vivere una vita virtuale assolutamente innocua e semplicemente intrigante....♪
♪ ♫ ♪

E' vero che l'aver ignorato per diversi anni il mondo web è servito per evadere da luoghi chiusi e tediosi reputandolo un grande danno alla cara salute ed una sorta di privazione della libertà preferendo sempre e *comunque le uscite all'area aperta che le navigazioni in mondi virtuali del tutto inutili, ma è altrettanto vero che non averlo considerato è stata una vera e propria rinuncia a qualcosa di fondato e concreto che fa parte della nostra fantastica Cultura ...*

Qualche anno dopo si riesce a valutare con grande fervore il Signor Internet apprezzandolo nelle sue potenzialità sicuramente positive che ci hanno permesso di sfruttare la creatività e la voglia di costruire...

In sostanza ci ha fatto ritrovare delle persone eccezionali e ci ha permesso di concretizzare collaborazioni interessanti, attività che mai avremmo immaginato di intraprendere, delle vere e proprie passioni tramutate in attività gratificanti soprattutto dal punto di vista morale e professionale...

Bisognerebbe ringraziare spesso il mondo interinale per la sua disponibilità a farsi conoscere, scoprire, esplorare, annusare, scrutare..

Questo ed altro ancora è il Web con le sue sfumature e con i suoi variegati colori, odori e sapori.

Da tutto ciò si può dedurre che nella vita non e' mai troppo tardi per scoprire delle realtà che tu reputavi abbastanza distanti da te, e per questi ed altri essenziali motivi sarebbe consigliabile osare e continuare ad esplorare sempre di più delle perle e dei tesori che in passato si potevano considerare futili e senza alcun senso...

Gli stessi discorsi si potrebbero fare tranquillamente per i Fenomeni **Facebook & Youtube** *che hanno interessato milioni e milioni di persone di tutto il mondo.*

Correva l'anno 2004 quando un ragazzino americano di Cambridge Mark Zuckerberg ha avuto la brillante idea insieme ai suoi compagni di classe di fondare quello che sarebbe ben presto diventato il più grande social network di tutti i tempi.....

E' riuscito a stravolgere e cambiare in maniera decisamente positiva i molteplici aspetti legati alla comunicazione, alla socializzazione e all'interazione tra individui di tutto il mondo, sul piano umano, emozionale, economico, privato, culturale, commerciale, sociale ed etico...

Il servizio sociale più grande al mondo conta attualmente più di un miliardo di iscritti...

Gli utenti possono fondare e unirsi a gruppi per condividere interessi in comune con altri utenti, organizzati secondo il paese di origine, la città d'adozione, il luogo di lavoro, l'università, la scuola, o altre caratteristiche, condividere contenuti di vario genere multimediale ed utilizzare varie applicazioni presenti sul sito.

Un altro social molto interessante è Youtube, che, con un miliardo al mese di contatti, sembra superare negli ultimi tempi lo stesso Facebook in termini di utenza.

Youtube si presenta semplicemente come un'altra piattaforma, dove vengono consentite visualizzazioni e condivisioni di video di ogni tipo.

In sostanza gli utenti risultano essere la ricchezza morale e materiale di questi Servizi Sociali molto accattivanti; effettivamente senza di loro non esisterebbero queste macchine infernali che hanno cambiato le abitudini della nostra noiosa esistenza..

A volte ci piacerebbe tanto gridare ad alta voce:

"Come sarebbe bello se tutti diventassimo una gran bella famiglia, anche se dispersa e radicata per le varie zone del Mondo. Una Fantastica Famiglia che si unisce nel bene e nel male, nelle vittorie e nelle sconfitte, nella gioia e nel dolore...

Un bel gruppo solido e solidale, una grande giostra di avventure ed esperienze vissute intensamente da persone speciali come noi, noi che apparteniamo alla favolosa Era di **Facebook & Youtube"**

SECONDO CAPITOLO

Sulle magiche note di Facebook & Youtube

Nei Social sono sicuramente presenti diverse tipologie di utenti colpiti dal piacevole contagio di **Facebook & Youtube** *.*

Si incontra veramente di tutto:si affacciano idee divergenti, ma anche opinioni condivisibili da tanti o da tutti.....

C'è la massaia che pensa di trovarvi le sue ricette preferite, c'è lo studente che si ritrova immerso in qualche pagina di sport o di musica dopo una giornata intensa di studio, c'è la comitiva di giovani che dopo una serata da sballo in discoteca si invia dei messaggi soltanto per dirsi un semplice e maledetto "Ciao", c'è l'operaio che dopo una giornata d'inferno cerca di scovare lo svago più giusto per riprendersi...
♪ ♫

♪ ♫

♫ *Le emozioni che viviamo, i pensieri e le parole che pronunciamo e scriviamo quotidianamente nel grande giardino della nostra vita non sono altro che preziose perle che custodiamo gelosamente e che nello stesso tempo sfoggiamo con grazia e delizia, non sono altro che note umane, poetiche e musicali, che noi amiamo accarezzare e vivere fino in fondo, ma quelle stesse emozioni che noi cerchiamo di vivere in pieno potrebbero essere semplicemente delle deliziose ciliegine che gustiamo con piacere, una dopo l'altra, anche su Facebook & Youtube...*

♪ ♫ *Tra le note umane ed emozionali..*

C'è chi, nelle pagine di **Facebook & Youtube,** *riesce a ritrovare se stesso stimandosi ancor di più, ma è soltanto una vera illusione o il raggiungimento di un piacere desiderato da sempre!?..*

C'è anche quel tipo che mette in discussione tutto (anche le mutande che indossa) e cerca in qualche modo di colmare quei vuoti in cui vi era caduto, esternando qualcosa del genere:

Con lo stomaco vuoto mi ritrovo immerso nel vuoto..

nel vuoto di una stanza vuota..

nel vuoto di un amore svuotato dal vuoto..

nel vuoto del nulla...

non potevo essere che pieno di immensi vuoti che non erano in grado di essere riempiti se non con la mia grande anima che vuota non era, ma in questo immenso vuoto è possibile trovare la pienezza della mia esistenza riempiendo quei piccoli vuoti nel migliore dei modi?

♪ ♫ ♪ ♫ The Show Must Gon On.

♪♫ *Ognuno di noi pensa e spera vivamente di essere al centro del Mondo, ma non riesce a capire quanto l'Universo sia al centro dei nostri pensieri..*

♪

♫ *Niente è come prima, ma tutto può presentarsi meglio di allora..*

♪

♫ *Abbiamo bisogno di stupirci per colmare un vuoto, ma lo stupore non sarà mai abbastanza per poterci sinceramente riempire...*

♪♫ *Quando ci si sente svuotati basterebbe riempirsi di energia positiva, nutrendosi di rari pezzi d'Arte e sorseggiando gocce di musica rock, sperando che questa Signora Vita ci possa sorprendere in tutte le sue sfaccettature ed in tutti i suoi meravigliosi colori.*

.♪♫ *Rispettare tutti i colori dell'umanità ci dovrebbe rendere felici, onorati, gratificati..*

Non c'è cosa migliore che apprezzare in maniera salutare e disinvolta tutti quei colori che il mondo ci ha regalato con le sue variopinte razze di popolazioni intere..

♪ ♬ *Tra le note di felicità.*

*C'è chi pensa di ritrovare su **Facebook & Youtube** quei sorrisi che gli erano stati rubati dai suoi cari nemici e cerca di assaggiare quei bocconi di felicità he si erano persi strada facendo....*

C'è anche chi si arricchisce mentalmente grazie ai valori e alle prodezze degli altri; la materia non puo' essere gratificante se non esiste alcuna sostanza;per fortuna si incontrano delle persone speciali che ci insegnano i migliori nèttari della vita, e noi ci nutriamo delle loro invitanti parole, espressioni, idee ed opinioni, ogni loro pensiero risulta essere meglio di un piatto di pasta, di una bistecca o di un delizioso dessert...

♪ ♫ A Kind Of Magic.....

♫ *L'ottusità di certa gente smetterà di preoccuparci se decideremo di rispondere sempre con il nostro invitante sorriso..*

Mentre la prima non portera' mai a grandi cose, il sorriso volerà verso nuove e allettanti conquiste...

♪ ♫ *Il sorriso dona sollievo e rende felice il cuore, arricchendo la mente di chi lo riceve e di chi lo regala...*

♪ ♫ *Il miglior comico non è colui che riesce a strapparci un facile sorriso, ma il soggetto che avrà la capacità di farci piangere di gioia....*

C'è chi sostiene, tra le pagine di **Facebook & Youtube** *che gli attimi di felicita' sono indefinibili e durano veramente qualche istante; La vera e profonda Felicità raggiunta con la moderata umiltà sarà sicuramente la migliore e basterebbe scrutare a fondo nel cuore della nostra anima...*

Ci sono persone che si accontentano delle semplici briciole per sentirsi veramente felici e non pretendono altro che un caloroso abbraccio dalle persone care e si presentano del tutto apprezzabili per loro luminosa umiltà. Ce ne sono altre che vorrebbero conquistare tutto cio' che il mondo non puo' offrire, anche l'impossibile, per sentirsi piu' forti e potenti, apparendo affamati di un potere sporco ed infame, e non sono assolutamente da seguire e da elogiare.

Ci sono delle volte in cui basta poco per essere felici ed esistono altre situazioni in cui delle vicende straordinarie ti rendono veramente triste♪ ♪

♫ ..*Don't Stop Me Now*....

♪ ♫ *Tra le note emozionali...*

Tra le pagine dei Social si possono incontrare anche quelle persone che cercano in tutti i modi di soddisfare quelle emozioni che si erano spente durante una giornata infernale o nel giro di ore trascorse nel nulla.

♪♫ *Nell'arco di una vita si portano avanti certi progetti per soddisfare le proprie Emozioni..*

Queste a volte si piegano, ma se ci si crede fino in fondo non si spezzeranno mai...

Le emozioni saranno sempre presenti se riusciremo a viverle intensamente senza preoccuparci come spiegarle o capirle...♪

♫

♪♫ T*ra le note di libertà..*

C'è chi, su **Facebook & Youtube***, cerca di godersi quegli attimi di libertà che aveva perduto nel giro di poche ore di stress e di noia ..*

C'è chi riesce a trovare pensieri e parole che trattano della Signora Libertà...

Ci sono altri che credono ancora al fantastico valore della Libertà in ogni sua forma: tutta l'umanità ha bisogno di crederci ancora..

Altri ancora che riescono pensino a fondare gruppi ed intere pagine che inneggiano alla Libertà come Valore Assoluto..♪

♫

♫ *I want to break free....*

C'è chi prova ribrezzo verso le discipline imposte dagli altri, soltanto per il loro gusto di potere.

C'è chi è convinto che l'uomo nasca libero ripudiando l'ipocrisia ed il ricatto di coloro che governano...

C'è chi riesce a scovare la vera Libertà vivendo se stessi senza vergogna e mostrando pregi, difetti e carattere, e poi ci si accorge che la libertà che stavamo cercando si trovava proprio dietro l'angolo o dentro il cassetto della nostra anima sempre pronta a darci una mano nobile e gentile ...♪ ♫

♪
♫ Liberi....Liberi....

♪

🎵 *Per intere generazioni si e' lottato per quel briciolo di emancipazione che pensavamo di meritarci, basta veramente poco per ritrovarsi ingabbiati in una libertà che abbiamo sempre sognato e che pensiamo non ci appartenga più*

🎵 🎵 ...*il cielo in una stanza*...

♪ ♫ *I Delfini dovrebbero meritare il premio speciale della bonta'd'animo*♪ ♫*, trasmettono con la loro essenza e con il loro canto quella sana vena di Libertà che il mondo intero sogna da sempre, emettono con il loro dolce e gentile suono quella gioia di vivere che tanti vorrebbero possedere, la loro deliziosa,t enera ed amabile presenza riesce ad allietare le nostre tiepide giornate e a rendere magico tutto ciò che si può presentare nei nostri percorsi di vita dura ed intensa..*♪

♫

♪

♫

♪

♫ *Nei giardini che nessuno sa...*

♪ ♫ E'*sempre piu' intrigante guidare una bella moto che ci trasmette quella sensazione unica di libertà che un carro di maschere disumane che ci da' un senso di pietà....*

e' piu' interessante seguire un gruppo musicale vivace e grintoso che un partito politico inutile e tedioso...

e' consigliabile guidare se stessi nel modo piu' salutare possibile che farsi dirigere da altri individui nel modo piu' ingrato ed impuro....

e' meglio esserci sempre e con sincera vitalita' che apparire nella maniera piu' cupa ed ambigua... anche nell'Era di **Facebook & Youtube** *...*

♪♫ *Under Pressure....*

♪ ♫ *Tra le note del tempo e dei sogni..*

C'è chi si interroga sul futuro e non trovando delle risposte adeguate si confonde tra le pagine ideali di **Facebook & Youtube** *per poter realizzare quei desideri che nessuno avrebbe sognato di seguire...*

C'è chi spera di creare blog, video e pagine che potrebbero avere successo tra i navigatori affezionati e per poter sfondare nel mondo web..

C'è chi sostiene che non sia bello adagiarsi sugli allori, ma non conviene neanche abbandonarsi alle sconfitte..

C'è chi pensa che i volti avvolti dal mistero risultano più intriganti di coloro che si avvolgono nella banalità del loro apparire..

♪♫ *Let it be*

C'è chi mostra il suo bel viso per raggiungere il paradiso, e c'è chi invece non mostra il proprio volto per non esserne coinvolto o sconvolto...

Ci sono i giovani sposini che sfoggiano la loro festa in grande stile.

Ce ne sono altri che mettono su dei piedistalli i loro bimbi che invece vorrebbero essere liberi; C'è invece chi pensa che i bimbi siano delle creature da amare e da accudire e mai da dover esibire o usare come dei raffinati oggetti: i bimbi per il semplice fatto di essere tali, hanno quel lampante diritto di vivere in terreni sereni dove poter sorridere sempre e di essere seguiti nella maniera più esemplare per tutti...

C'è chi pensa che l'espressione saggia e seria di un bimbo riesce a metterci più imbarazzo di qualsiasi altro volto....

Ce' chi non vorrebbe crescere mai, che mette spesso in pratica il fanciullino che ha dentro di sé e che afferma "prima o poi crescerò", rimandando la fase adulta della propria esistenza ..

C'è chi si considera un eterno ragazzino iscrivendosi in pagine dedicate alla fantasia che ci accompagna nell'arco delle nostre giornate senza apatìa..

C'è invece chi pensa che la fantasia abbia gli stessi limiti della realtà, immaginando soltanto ciò che si conosce senza idealità.

C'è chi ama gli eventi e le novità che non risultino patetiche, che facciano stravivere un'ennesima gioventù e che sappiano emozionare più del passato..

Non potevano mancare le persone ottimiste e allegre che non cambierebbero mai la propria esistenza con nessun'altra, che hanno vissuto momenti di gloria e sono pronti per viverne altri..

Invece le persone più realiste sostengono che la nostra delicata onestà, la nostra coscienza pulita, la nostra anima fresca e pura, anche se non ci renderanno immuni dalle ingiustizie e cattiverie altrui e dal sistema difficile del nostro paese, in qualche modo riusciranno a renderci fieri di esistere nella maniera più appagata e sana possibile in questo mondo pieno di incertezze e di insidie:

Un giorno pensi che, tutto sommato la vita ti abbia regalato delle fortissime emozioni, difficili da spiegare e da esternare e continuerà a farlo soltanto se tu ci crederai fino in fondo..

Un giorno credi che sia tutto finito, ma c'è sempre quella luce di speranza che ti dà la forza di rialzalti ed andare avanti con più entusiasmo di prima.

Un giorno sei presente, l'indomani sei completamente assente..

Ci sono dei giorni e delle lune..♪ ♫

♪ ♫ Comfortably numb...

C'è inoltre chi tagga in foto sbiadite dal tempo compagni di classe, amici delle vacanze estive e colleghi di lavoro, per trovare un po' di ristoro..

C'è chi crede che essere figli di se stessi ci renda padri di grandi ed invitanti idee, poi c'è chi scova ed incontra delle persone eccezionali che potrebbero finalmente sconvolgere o coinvolgere la vita di tutti i giorni, e chi riesce a confrontarsi con amici che non vedeva da tempo o conoscenti che si trovano distanti anni luce ...

C'è invece chi pensa che la distanza e la lontananza siano pronte a tradire, ma non hanno la capacità e la forza di non farci condividere le varie idee, le molteplici emozioni, le curiose sensazioni, i dolci pensieri, i fantastici sogni...

C'è inoltre chi crede vivamente che i 20 anni si siano vissuti intensamente un bel po' di tempo fa, ma loro si trovano dentro di noi con animo gentile e non se ne vogliono andare per fortuna, e si cerca di raccoglierli e catturarli con un entusiasmo un pò tiepido ma piacevole, approfittando della loro generosità. Visto che il tempo vola non tornando più indietro, si cerca con grande fermezza di afferrare l'istante presente.

♪
        ♫   ♪
♫

♪ ♫ *Siamo solo noi...*

C'è l'attore aitante, la ballerina elegante, il comico sapiente, lo scrittore emergente che cercano di farsi notare in tutte le loro performances per esserci, per sopravvivere, per trasmettere tutto ciò che gli altri non avrebbero mai permesso di fare.

C'è il nostalgico vanitoso che pensa vivamente che gli anni volano senza pietà, senza darci la possibilità di poterli fermare, gli anni volano e noi stiamo volando insieme a loro con grande entusiasmo, con la gioia di giocarci un pò, con la forza di catturarli e di viverli intensamente come sempre..

C'è il nostalgico discreto che sostiene che fiumi di nostalgia sana e sincera di un passato vissuto intensamente inondano la nostra mente, ma la vita è adesso.

♪ ♫

♪ ♫ *IL TEMPO VINCE SEMPRE!?*

Il tempo ci travolge con le sue speranze e le sue illusioni....

non si ferma neanche se lo supplichi.

vola e ti molla senza chiedere scusa.

ci ama a modo suo chiedendo sempre qualcosa in cambio..

è astuto ed onesto nello stesso tempo.

ci condanna alla vecchiaia e ci salva dalla banalità della gioventù che non ci ha mai tradito.

ci lascia in bilico di fronte a diverse scelte senza darti un piccolo aiuto per trovare la soluzione giusta.

ci permette di ricordare le meraviglie e le sconfitte del nostro passato.

si rivela per quello che è quando gli conviene..

ci ama e ci odia nel modo più giusto per lui...

vince sempre..

(F.Primerano)

♪ 🎵 *C'è chi pensa che il miglior sogno sia continuare a fare tutto ciò che ci piace fare senza alcuno scrupolo, continuare ad alzare l'asticella, a rinnovarsi, ad avere sogni nuovi ed avere la possibilità di costruire e portare avanti nuovi ed essenziali progetti..*

C'è anche quel ragazzo vispo, che non inseguendo una vita senza vizi, sostiene di aver fatto tutto ciò che gli piaceva fare, ma il vero problema è che spesso quello che piace a lui non è assolutamente omologato alla massa..

♪
🎵

♪ 🎵 *Don't stop me now....*

♪ ♫ *Tra le note del cuore..*

C'è chi concepisce l'amore come esaltazione interiore, dote autentica di grandezza che noi manifestiamo nel quotidiano con esternazioni di affetto.

C'è chi considera l'amore come un'avventura meravigliosa nella quale ci lanciamo senza pensarci, alla ricerca di conquiste sempre piu' intriganti..

♪
　　　　　♫　　　　　　　　　　♪

♫

….volami nel cuore….

♪♫　　　♪♫　　　　　♫ ♫

♪ ♪ *Tra le note poetiche e musicali..*

C'è anche quella ragazza dagli eccelsi lineamenti che, su **Facebook & Youtube**, ascolta la sua Musica preferita e chiudendo i suoi delicati occhi non sente altro che un suono magico e soave..

Si tuffa in quelle sublimi note per cercare la serenità che si era dileguata tra le varie difficoltà quotidiane..

Si perde nell'incantesimo delle sonorità ritrovate dopo tanta ricerca interiore.

Finalmente riesce ad abbracciare la vera Forza della sua anima per dimenticare il superfluo che le sta intorno e vince, vince sulla noia e sulla tristezza invasiva che riteneva decisamente minacciose.

Questo è il potere che può possedere soltanto la Dea Musica, ♪ il potere di far abbracciare quella serenita' perduta..

Quel dolce e delicato suono non è altro che il magico canto dei delfini

♪ ♫ ...*Il magico canto dei delfini*...♪ ♫

Era la notte di un lunedì assai acerbo...

il letto non riesce a trattenermi..

mi alzo col sudore in fronte..

e tra le lenzuola lascio un po' di noia..

mi aspettano le note di un brano rock..

ma l'assaggio non è piacevole..

ho il tempo di sputare un sorso di musica dalla finestra..

osservo il vuoto macchiato dalle ombre dell'ultimo tram..

e subito dopo, il silenzio assoluto...

eppure si ode qualcosa di magico nell'aria..

riconosco ancora quel suono soave..

non è altro che il magico suono di mille delfini.♪ ♫

F.Primerano♪ ♫

Inoltre sui Social non potevano mancare i veri appassionati e cultori di musica che, seguendo i propri miti e idoli, sono riusciti a fondare dei gruppi dedicati a leggende viventi come Mina, Renato Zero, Vasco Rossi.. ♪

♫

♪ ♫ *Il cielo in una stanza..*

♪ ♫ *Più su..* ♪

♫ *Siamo solo noi....*

C'è chi ha voluto ricordare i 70 anni di Mina fondando qualche gruppo come questo:....

Vita-Mina...la Voce più bella d'italia che fa bene alla nostra salute, provare per credere..

Per coloro che adorano la Signora della Musica italiana per eccellenza, che il 25 marzo 2010 ha festeggiato i suoi primi 70 anni di meravigliosa esistenza, dopo averci regalato piu'di 50 anni di strepitosa carriera...

La tigre di Cremona colpisce ancora e continuerà a farlo!Credeteci!

Per chi pensa che la vitamina M sia un'ottima medicina super naturale per risolvere i vari momenti di sconforto e di noia invadente!E' sicuramente migliore della vitamina C!?

E' semplicemente la numero uno!   ♪♫

♫

(Carriera & Vita), straordinarie sono state quelle di Mina, i suoi brani hanno fatto indubbiamente la Storia della nostra Musica italiana.

Più di 100 album incisi e più di 150 milioni di dischi venduti in più di 50 anni di meravigliosa carriera...

È sempre presente tra noi e mai dimenticata con la sua intatta popolarità, nonostante sia sparita dalle scene...

Artista dalle mille qualità interpretative ed espressive, rimane la più grande Signora della canzone melodica italiana..

Simbolo di epoche già vissute e mai scordate e incontrastata interprete e protagonista di storie musicali e sociali che non hanno mai fine...

Questa è la Mina di ieri e per fortuna anche quella di oggi, la Regina della Musica italiana... ♪ ♪

♫ ♪ ♫ ♪LA VOCE DEL SILENZIO..♫ ♪
♫ *Se il mio canto sei tu..* ♪♫
IO E TE DA SOLI

                    Se telefonando.. ♪ ♫

L'IMPORTANTE E' FINIRE...♪ ♫

                        GRANDE, GRANDE, GRANDE........♪ ♫

       Questione di feeling....♪

  il cielo in una stanza

♫ *parole....parole...*   *INSIEME...*

C'è chi dedica con grande verve qualche pagina al suo Artista preferito Renato Zero, scrivendo qualche articolo in occasione dei suoi 60 anni di vita:

NOVE PREZIOSI GIOIELLI PER I 60 ANNI DI RENATO

Quale posto migliore poteva essere scelto da Renato Zero per festeggiare i suoi 60 anni in Musica se non il suggestivo scenario di Piazza di Siena, uno dei luoghi più romantici di Villa Borghese, nel Cuore di Roma.

"L'Evento del 2010" sarebbe l'appellativo più appropriato per descrivere i nove spettacoli eseguiti con grande successo dall'artista romano nell'incantevole atmosfera di Villa Borghese dal 29 settembre al 9 ottobre dell'anno in questione.

Ancora una volta l'istrionico Renato è risultato geniale nel rivisitare i vecchi ed i recenti successi della sua lunga carriera in maniera esemplare, riuscendo a soddisfare pienamente le aspettative dei fans presenti ai vari concerti.

Quindi si potrebbe parlare di nove deliziosi gioielli unici e diversi l'uno dall'altro, con sorprese veramente interessanti, grazie soprattutto alla presenza gradita di ospiti illustri che si sono alternati ed esibiti su quel fantastico palcoscenico.

Il simpatico Giorgio Panariello, l'affascinante Monica Guerritore, l'emozionante Carla Fracci, la talentuosa Fiorella Mannoia, la meravigliosa Raffaella Carrà, il tenebroso Mario Biondi, il fantastico Raf, la Strepitosa Rita Pavone, sono soltanto alcuni dei Grandi Artisti che si sono cimentati ad interpretare con grande professionalità ed entusiasmo i celebri brani del caro Renatone.

I nove Concerti sono stati il risultato di grande disciplina e sacrifici non soltanto da parte dell'artista romano e degli ospiti presenti, ma anche da parte di tutto lo staff artistico che ci ha lavorato con grande impegno e devozione.. ♪

Dai ballerini di grande talento ai tenerissimi fanciulli che si sono prestati a fare da splendida cornice in

qualche brano di Renato. Un Evento unico ed irripetibile. Adesso non ci resta che aspettare con grande fervento i prossimi capolavori di uno dei nostri Poeti preferiti..♪♫

(F.Primerano)♪ ♪
♫ ♪

…..*I migliori anni della nostra vita*….

C'è chi condivide spesso link e post dedicati ai Pink Floyd piuttosto che quelli sui Beatles.

I Pink Floyd, una delle leggende più nobili e prestigiose di tutto il Rock internazionale,uno dei gruppi musicali più geniali nella storia di tutti i tempi...

"The dark side of the moon", uno dei loro album più famosi e venduti nella storia del rock, celebra i suoi primi 40 anni di vita, una pagina di storia, un'icona immortale.Il disco ricco di classe e di fantasia viene considerato il più creativo e significativo della loro impeccabile carriera e rappresenta inoltre un vero viaggio di pop progressivo del tutto armonioso e suggestivo .. ♪ ♫

♪ ♫
♪♫

♫ ♪ *E poi c'è chi si iscrive al gruppo dei Nirvana, dei Led Zeppelin o a quello dei Guns N'Roses.*

C'è invece chi condivide spesso e volentieri i post dei mitici Queen che hanno rappresentato un'autentica Istituzione del Rock.

I Queen, una delle formazioni Rock di maggior successo di quest'ultimi 40 anni.

Soprattutto grazie ai loro suoni elaborati e pomposi, alle sublimi armonie vocali di Freddie Mercury, ad una miscela musicale tra glam e hard sono stati sempre campioni d'incassi...

Brani come"We are the champions", "Bohemian Rhapsody", "We will rock you", "A kind of magic",

"I want to break free", "Radio ga ga", "The show must go on", hanno siglato e condito la colonna sonora delle nostre serate in compagnia, delle nostre feste in sincera armonia, dei nostri balli, dei nostri amori e disamori, delle nostre amicizie, dei nostri nèttari di vita.

E sulle note di quel rock duro ed efficace si estendeva, dalle tonalità cupe a quelle più alte, l'insuperabile voce dell'eccentrico, eccessivo e leggendario Freddie Mercury: ♪

Amava fare le cose a modo suo e divertirsi...

Se l'indomani fosse finito tutto il suo danaro avrebbe continuato a fare tutto come se avesse avuto un sacco di soldi, perchè è così che era abituato a fare, se ne sarebbe andato sempre con un califfo persiano e nessuno lo avrebbe fermato.

Amava vivere in pieno la vita e nessuno gli poteva dire quello che doveva fare♫ sì, proprio lui, *colui che amava farsi definire la vera Regina del Rock* ♪

♪ ♫ We are the champions

♫A proposito di rock,♪ *sui social si possono incontrare i seguaci di Vasco, Pelù o di Ligabue..*♪

♫*C'è chi crea delle pagine dedicate alle varie performances di Vasco, mettendo persino in dubbio alcune sue grandi qualità.C'è chi lo adora e chi lo implora, e c'è chi si stupisce per chi lo schernisce.* ♫

♪ ♫ Vita spericolata...

E poi c'è chi non crede al ritiro di Vasco dai fantastici palchi italiani o dalle vaste scene musicali.

Il suo palcoscenico non e' altro che l'altare del suo essere, la sua reale ragione di vita, dove riesce a scovare la sua maniera per purificarsi e ricaricarsi, dove riesce a raccontare esperienze d'amore, affetti di ogni genere e disagi di ogni tipo, dove riesce a trasmettere quelle vere e forti emozioni che soltanto noi possiamo percepire e accudire, dove riesce a mantenere la testa arroccata sulle nuvole ed i piedi ben piantati in terra. dove si respira e si assapora la sua verve musicale, dove si dimostra un vero torrente in piena, dove tutto è pura adrenalina e nient'altro che quella, dove si coglie al meglio l'anima del suo rock sempre più vivace, dove tutto è concesso, anche la sua eterna follia, dove tutto è stupefacente rispettando la propria mente, dove tutto s'incontra e si scontra, reale e surreale, magia e poesia, dove riesce a sfoggiare finalmente la sua vera natura avventurosa, eccessiva ed evasiva, sfrenata e smodata, riuscendo nel favoloso intento di accontentare e arricchire tutti, proprio tutti, dove lui stesso è totalizzante, sì, proprio lui, colui che ha scandito le nostre feste, i nostri amori e disamori, le nostre nottate, le nostre vere e care amicizie, i nostri piccoli e grandi momenti di libertà e di felicità

il nostro caro Vasco Rossi.♪

♪ Standing ovation   Una canzone per te....♪

♫ CE' CHI DICE NO..   Siamo solo noi

Liberi..Liberi   Gli spari sopra   Sally..... ♪

♫ COSA SUCCEDE IN CITTA'   Laura... ♪

Ogni volta...♫

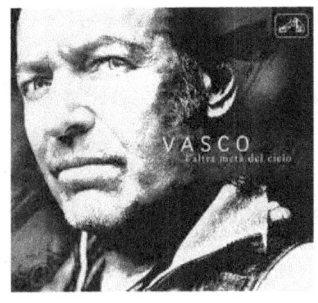

Senza parole....   Va bene,va bene cosi'..♫

Cosa succede in citta'.....   Gli spari sopra   ♪ ♫

Stupendo... Gabri   Vita spericolata   vivere....

Guarda dove vai   ♪ ♫   Gli angeli

Vivere una favola....   Stupido hotel...♪ ♫

C'è chi condivide brani storici dei mitici Beatles.

C'è chi preferisce semplicemente i Beatles ai Rolling Stones, facendolo sapere a tutti gli amici attraverso la propria pagina Facebook.C'è inoltre chi li ricorda con immagini epocali in gruppi ed intere pagine.

Il 5 ottobre del 62' venne pubblicato il loro primissimo 45 giri "Love me do" e nella primavera dell'anno successivo usci' il loro attesissimo lp "Please Please me".Da allora in poi li vedemmo volare molto in alto.Infatti i Beatles saltarono in vetta alle classifiche e si affermarono non soltanto per la loro musica semplice e travolgente, ma anche per il loro modo di indossare certi abiti e di portare i capelli, imponendo in qualche modo la loro maniera di essere giovani.Da quei momenti in poi azzeccarono i brani giusti per sfondare nell'universo musicale e sociale.Divennero ben presto il piu' grande evento della Musica giovanile di tutti i tempi.E cosi' venne alla luce la Beatlesmania, da cui furono contagiati milioni e milioni di individui, fino ai giorni nostri.♪♫
♪♫ Come together...

♪ ♫ *Tra le note della natura...*

C'è anche quel tipo attaccato alle proprie radici che cerca di scovare su Facebook o su Youtube le favolose immagini della propria Terra e si immerge nei pensieri dedicati alla sua Patria, portando avanti alcune idee che in qualche modo riescono a soddisfare la sua sincera e sana nostalgia delle origini.C'è chi esterna in questa maniera il suo grande amore per la terra natìa.C'è chi invece pensa che le radici non si amino allo stesso modo e che si provano dei normali periodi di noia e di distanza che tutto sommato vengono allietati dal fatto che il luogo in cui si è nati si trovi per fortuna in un importante angoletto del proprio cuore.

♪♫ Yesterday.....

♪ ♫ Tra le note umane...

C'è chi ammette di aver sempre scrutato ed esaltato la parte positiva e tutti i gradevoli pregi dell'essere umano, altrimenti avrebbe continuato ad odiare l'intera umanità. Anche se l'essere animale risulta decisamente superiore si consiglia sempre di apprezzare le persone per quelle che sono nella loro positività e di non denigrarle per ciò che non sono..

C'è chi si stima tanto per tutto cio' che ha saputo conquistare al punto tale da non fregarsene di quello che si potrebbe presentare negativo nella vita di ogni istante. Per chi ha la coscienza sana e pulita come noi non ha nulla da temere, e per questo intrigante ed esaltante motivo si continua a volersi bene.

♪ ♫ Tra le note della natura...

C'è chi cerca di rivivere le stagioni dell'amore o chi ritrova semplicemente l'amore in ogni stagione dell'anima:

Ogni stagione dona a noi i colori piu' svariati, a tratti sbiaditi, a volte accesi, ma pur sempre nobili e sublimi al punto tale da essere considerati utili al nostro umore non sempre gentile.I variegati colori possiedono sempre quel loro fascino e quella loro personale bellezza.Sono invitanti per chi li osserva e li scruta con amore e stupore.Si presentano essenziali e veri alle anime più pure e pensanti.In ogni caso è la forza della natura che merita i suoi migliori applausi.♪ ♫

♪ ♫ Learning to fly....

C'è chi riesce ad esternare semplicemente il suo amore smisurato per l'estate:
E venne finalmente l'estate per deliziarmi della sua piacevole essenza vitale.
E venne l'estate per salvarmi dalla tristezza di un inverno da dimenticare.
Benvenuta Estate...
andremo sicuramente d'accordo noi due, noi due ci comprendiamo al volo perchè con te nessuno è solo..
anche quest'anno mi farai nutrire dei tuoi nèttari migliori, quelli di una libertà che soltanto tu puoi donarmi con la tua calorosa accoglienza, quella salutare ospitalità che soltanto noi avventurieri sappiamo annusare.♪ ♫

♪ ♫ Tra le note artistiche. ♪ ♫ .

C'è chi riesce a fondare e dedicare qualche gruppo all'Attrice piu' brillante che abbiamo avuto in Italia.

All'artista Anna Marchesini con la A maiuscola.

Non servono molte parole per descrivere una persona veramente geniale e speciale come Anna Marchesini..

Basta seguire ed assaporare la sua acuta, originale e brillante comicità per nutrirsi di pura Libertà e di ricchezza interiore.

Quando ci sentiamo cupi e poveri intimamente, ci rallegriamo così.

Per coloro che amano e continuano ad apprezzare le fantastiche performances dell'ingegnosa Artista Anna con la A maiuscola.♪

♫

♪ ♫ C'è il collezionista diligente che condivide link su rari oggetti d'arte e su pezzi storici di musica Rock.
C'è invece il ragazzo disinvolto e sciolto che vuol ricordare la mitica Marilyn Monroe, a 50 anni dalla sua tragica e misteriosa scomparsa.
Marilyn, simbolo sexy degli anni 50', favoloso segno di seduzione e insieme di vulnerabilità.
La più grande Diva del cinema mai esistita, dotata di un desiderio di sopravvivere e di emergere.
Si dimostrava sempre radiosa ed inoltre la straordinaria apertura e la grande disponibilità la rendevano la semplice ragazza della porta accanto (l'anti-diva per eccellenza).
Eterna incantatrice con il suo provocante ottimismo, continua a fare presa su di noi, a 50 anni dalla sua scomparsa dimostrandosi molto di più di un sex symbol. ♪ ♫

♪ ♫　C'è chi crede che l'Arte sia da cercare e scovare anche e soprattutto nella nostra cara natura, dove si potrebbe scoprire qualcosa di molto grande e indefinibile.Ammettendo di non riuscire a dare delle spiegazioni logiche a certi eventi che si verificano in maniera insolita,i ncredibile e del tutto magica, si pensa naturalmente al magico canto dei delfini.♪ ♫

♫　*Wish you were here....*

♪ ♫ *C'è chi ricorda il proprio amore per la città più bella del mondo dedicandole qualche poesia:*

Roma, sei venuta, sei smarrita.

Anche se un po' agguerrita, non lasci alcuna ferita.

Quante cose avrei voluto domandarti e quante fiabe avrei voluto raccontarti!?

Roma, sei una una storia che non muore mai, e questo tu lo sai.

Una mamma molto cara e tanto bella, non esiste una tua gemella.

Sei contenta di ascoltarmi?, qualche volta vorrei staccarmi, nei momenti critici e stressanti.

Ma stranamente mi sconvolgi e mi avvolgi con i tuoi salutari sfoggi..

Riesci a creare un'atmosfera interessante e promettente, sei nel mio cuore da sempre.

Sono felice di vederti e viverti fino in fondo afferrando il tuo migliore sfondo.

Sei dura e snervante, ma doni tanta forza e tenacia con tanta efficacia..

Io camminero' sulle tue grandi strade un po'maledette, ma pur sempre uniche e perfette.

Sono famose le mie pose davanti alle tue bellezze sempre festose.

Sono sempre allegro, perche' esisti e persisti nei miei pensieri come ieri.

Sono molte le ragioni per adorarti e vorrei spogliarti.

Ciao signora citta', mi aiuterai sicuramente nelle difficolta'.

Io cerco te continuamente, ti amo immensamente

insieme alla tua gente che non ti tradira' mai.

F.Primerano

.

E poi c'è chi crede che gli spettacoli migliori ci vengano donati dalla nostra cara natura con la sua indomabile volontà.Madre Terra e' talmente altruista e genuina che riesce ad allattare piante ed alberi a vita.

C'è inoltre chi crede che la freschezza della nostra anima riscaldata e colorata dal ritorno della Primavera sia sempre entusiasta di raccogliere le altre opinioni, gli altri pensieri, le altre idee, le altre anime con decisa umiltà.♪

C'è invece chi pensa che il male incassato in passato lo si può dimenticare se si riesce a ricordare spesso il bene immenso ricevuto in tutti questi interessanti percorsi di vita intensa..

♪ ♫ *Tra le note artistiche...*

C'è chi ancora considera l'Arte come una creazione per la quale conviene vivere, una delle forme d'espressione più belle esistenti sulla terra.

Arte, creazione come catarsi, 'unico credo, l'unica ancora di salvezza in una società che va alla deriva, senza di essa il mondo non avrebbe alcuna ragione d'esistere.

C'è chi invece reputa la Signora Arte come un ponte tra gli uomini ed un ottimo metodo per cogliere il volto nascosto dell'universo. Questa forma di espressione ci permette di svelare i misteri che ci sfuggono e di comprendere meglio il mondo ed inoltre ci aiuta a dare forma ad una certa idea di felicita'e di porci spesso nell'armonia e nella pace.

Nasce quel bisogno smisurato di sapere e di conoscere per capire meglio tutto cio' che ci circonda.

C'e' inoltre chi pensa che L'Arte sia la madre di tutto il pianeta terrestre e la figlia del sistema celeste...

♪ ♫ Another brick in the wall ♪♫

♪ ♫   *Chi non sa osare non si puo' sposare con qualcosa di profondamente intrigante e unica che è l'Arte...*

♪ ♫   *Respirare l'Arte vuol dire semplicemente coglierne il significato, cercando di metterlo in pratica nel migliore dei modi.*

♪

♪ ♫

♪ ♫ Bohemian Rhapsody...

♪ 🎵   Colto e' l'essere umano che non cerca in maniera smisurata il sapere nei vari testi, ma colui che riesce a cogliere con grande stile l'essenza pura dell'Arte e della vita nella sua pienezza.

♪ 🎵 *Chi scopre continuamente i dettagli, come oggetti d'arte inconsueti, ha la certezza di portare nuove conoscenze, ha il bisogno di offrire la sua vitalita' e di applicarsi alle cause umane...*

♪ ♫ *Tra le note del tempo e dei sogni...*

C'è chi ritrova un vecchio amico, ma non un nuovo tesoro..

C'è chi pensa di aver incontrato il vero amore, ma non era cio' che desiderava..

C'è chi guarda al passato con nostalgia e chi guarda il futuro con allegria.

C'è chi si presenta come un sano precursore del domani e chi come un semplice malato di nostalgia..

C'è chi abbraccia il tempo e chi lo sfugge.

C'è chi sente gli anni che passano e chi li accarrezza con buon umore.

C'è chi è e chi vorrebbe essere..

♪♫ Time

C'è il ragazzo spigliato e curioso che non vorrebbe essere un veggente o un mago perchè la curiosità che regna ed abita nella sua essenza vitale è disarmante al punto tale da non temere il futuro, anzi questo grande interesse che vige dentro di sè è sempre pronto ad accoglierlo, ad abbracciarlo e a gustarlo a piene mani come ha sempre fatto per il suo fantastico passato..

C'è chi crede che la Poesia si possa definire discutibile soltanto se i suoi versi non hanno la forza di parlarti o di non trasferirti assolutamente nulla....

♪ ♫ *.Hey you.*

C'è chi riesce a ricordare a tutti gli amici di Facebook il giorno dei giorni scrivendo qualche pensiero come questo:

Il giorno del nostro compleanno è da considerare felice e nello stesso tempo malinconico...

Allegro perchè ci riporta all'evento della nascita ed e'sempre piacevole festeggiare quell'anno in piu'che ci trasmette un'emozione particolare.

Un po'sconsolato perche' bisogna fare i conti con il tempo che ti sfugge di mano, dopo averlo spremuto.

In ogni caso quell'anno in piu'che si aggiunge alla nostra deliziosa esistenza riesce a fare meno rumore e a mantenersi morbido ed armonioso anche e soprattutto grazie al calore umano che ci viene donato dalle persone a noi tanto care.

Senza quel calore la nostra vita non avrebbe alcun senso.♪

♪♫ One of these days

C'è inoltre chi crede che dare affetto agli altri ci dia più forza. E' semplicemente un dato di fatto molto piacevole ed un grande valore della nostra vita da portare avanti in ogni occasione.

Lucia ritiene che una lacrima di nostalgia non è altro che una delicata goccia di gioia o di dolore che accarezza la nostra anima attraverso le vie ed i sentieri del nostro volto.

Matteo sostiene che sarebbe inutile piangere sul latte versato,anche perchè risulterebbe scaduto ormai da diverso tempo, assangiandone qualche sorso potrebbe presentarsi indigesto e non gradito alla nostra cara salute.

C'è il giovane scolaro che si immerge nelle pagine della sua musica preferita e si confronta con tutto ciò che èvitale e salutare..

C'è l'anziano che si scambia poesie d'amore e di nostalgia col prossimo per sentirsi ancora vivo e presente..

C'è chi scrive note poetiche, frasi d'amore, aforismi di ogni genere, storie interessanti da raccontare.

Ognuno di noi ha una sua storia interessante da raccontare o da poter sfoggiare, qualunque sia l'età che riesce a indossare.

Ognuno di noi ha una sua esistenza attraente, stimolante, avvincente, appassionante, ma pur sempre personale ed unica a tal punto di esserne fieri.

Ognuno di noi è speciale nelle sue nobili o lodevoli imprese ma anche e soprattutto nei suoi deliziosi e piccoli gesti.

Ci sono inoltre coloro che pensano spesso ai momenti di gloria e agli anni più belli della propria esistenza con grande nostalgia, quei periodi rimarranno sempre nella nostra memoria o saranno catturati in immagini storiche di foto come deliziosi pezzi di vita..♪ ♫

♪ ♫ Yesterday

♪ ♫ *I Sogni migliori sono sicuramente quelli che si possono realizzare soprattutto in sentieri e terreni impraticabili e non su strade facili da percorrere,*

altrimenti che gusto ci sarebbe nell'inseguirli !?. ♪ ♫

♪ ♫ I want it all

C'è anche chi sostiene che non è sempre possibile chiederci di rispettare le persone anziane, se le stesse non hanno alcuna attenzione o rispetto nei confronti del giovane che ha bisogno di sostegno e di gustare i migliori nèttari dell'Arte e della vita. A volte il cinismo e l'invidia dell'anziano prevaricano purtroppo sulla sua intenzione di esserci e di dimostrarsi saggio e rassicurante...

C'è Fabio che crede vivamente che la noia uccide, chi la conosce la evita, riuscendo a salvarsi nella maniera più gratificante possibile, eliminandola, e chi non l'ha ancora assaggiata riuscirà ad avere alcune possibilità di non farsi contaminare...

C'è chi pensa che per intraprendere qualsiasi attività o realizzare un sogno, alla base di tutto dovrebbe sussistere una dinamica vena creativa e diverse capacità accompagnate da forti dosi di fortuna., ma questa Signora Fortuna dove si è potuta nascondere per non farsi trovare spesso!?

c'è Manuele che ritiene che l'aver bruciato alcune tappe della propria esistenza sia servito per crescere, per vivere e per agire meglio, per gustare i propri successi ed i molteplici errori, per affrontare diversi ostacoli nella maniera più giusta e gratificante e soprattutto per non bruciarsi.

C'è Daniela che è convinta che stimarsi vuol dire amarsi, ma amarsi vuol dire anche arricchirsi mentalmente e spiritualmente apprezzando nello stesso tempo anima e cuore.

C'è Marco che sostiene che saper cogliere il sapore e l'odore della vita ci permette di trovare la giusta via in sterminati e puliti sentieri.

Maria afferma che la limpidezza della propria anima riesce a sporcarsi per colpe da attribuire sempre alla mancanza di rispetto di altre persone.

La nostra vecchia amica Gabriella crede che la bellezza non possa far sempre rima con giovinezza, ma anche con la nostra ebbrezza e con l'interiore ricchezza.

Laura afferma che meglio essere invidiati che compatiti, anche perchè l'invidia ha spesso la sua parte positiva che si traduce in ammirazione e non in odio, ed inoltre la compassione è sintomo di denigrazione..

C'è infine il nostro caro Francesco che sostiene che la nostra vita ci aspetta sempre a braccia aperte,

è molto preziosa, godiamocela fino in fondo, cerchiamo di accoglierla e rispettarla nel modo più gratificante possibile, anche perchè potrebbe nascondere le sue migliori perle.

♪ ♫

♪ ♫ *Who wants to live forever...*

Le pagine e le note di **Facebook & Youtube** *dai colori piu'svariati, dalle forme e dai contenuti piu' invitanti, si aprono, si sfogliano, si leggono, si scrutano, si amano e poi si chiudono con la speranza e il desiderio di rileggerle nuovamente con la stessa passione che si era presentata inizialmente...*

(F.Primerano)

E finalmente quel famoso e delizioso sogno che avevamo inseguito da sempre si è potuto concretizzare nel migliore dei modi.

Quel suono sublime e soave che avevamo udito tra le fantastiche note di **Facebook & Youtube** non è altro che il Magico Canto dei Delfini, quegli stessi Delfini che ci hanno fatto sognare,amare,conoscere ed assaporare i migliori nèttati della nostra preziosa Esistenza e che inoltre ci hanno insegnato ancora una volta che, comunque vada, lo Spettacolo deve continuare.

Pink Floyd, Queen, Beatles, Mina, Vasco Rossi, Renato Zero, Marilyn Monroe, Freddie Mercury e gli altri Artisti-Delfini hanno scandito in maniera esemplare le vere e profonde essenze della nostra Vita.

 Grazie infinite a tutti...

Francesco Primerano

SHOW MUST GO ON

www.ingramcontent.com/pod-product-compliance
Lightning Source LLC
Chambersburg PA
CBHW071312040426
42444CB00009B/1996